서정시학 서정시 132

아직도 거기 있다

이우걸 시집

서정시학

이우걸

1946년 경남 창녕 출생. 1973년 『현대시학』으로 등단했다. 시집으로 『저녁이미지』, 『나를 운반해온 시간의 발자국이여』, 『주민등록증』, 『아직도 거기 있다』 등 15권이 있다.
　수상으로 경상남도문화상, 중앙시조대상, 가람시조문학상, 이호우시조문학상, 이영도(정운)시조문학상, 김상옥시조문학상, 월하지역문학상, 성파시조문학상 등을 받았으며 만해사상실천 선양회가 펴낸 한국대표명시선 100권에 시선집 『어쩌면 이것들은』이 있다.

서정시학 서정시 132
아직도 거기 있다
─────────────────────────
2015년 5월 10일 초판 1쇄 발행

지 은 이 • 이우걸
펴 낸 이 • 최단아
펴 낸 곳 • 서정시학
편집교정 • 최진자
인 쇄 소 • 서정인쇄

주소 • 서울시 성북구 보문로 34길 39(동선동 1가, 백옥빌딩) 6층
전화 • 02-928-7016
팩스 • 02-922-7017
이 메 일 • poemq@dreamwiz.com
출판등록 • 209-91-66271

ISBN 978-89-98845-94-0　03810

계좌번호: 070101-04-072847(국민은행, 예금주: 최단아)

값　9,900원

잘못된 책은 바꾸어 드립니다.

튜브도 구명조끼도
바란 적 없었건만
건너야 할 강물은 먼산에
닿아있었다

비 바람 머리에 이고
갈대처럼 늙어간 여자

「고모」 전면

이 도서의 국립중앙도서관 출판예정도서목록(CIP)은 서지정보유통지원시스템 홈페이지(http://seoji.nl.go.kr)와 국가자료공동목록시스템(http:// www.nl.go.kr/kolisnet)에서 이용하실 수 있습니다.(CIP제어번호: CIP2015011132)

시인의 말

　70편, 내 생의 나이테다. 신, 구작을 섞어서 순서는 별 의미가 없다. 밤새워 썼던 것들이 적지 않지만 모아놓고 보니 쓸쓸하다.
　또 쓰리라.

2015년 4월

이우걸

차 례

시인의 말 / 5

제1부

길 ········ 17
동백 ········ 18
아직도 거기 있다 ········ 19
토란잎 ········ 20
시작詩作 ········ 21
나이테 ········ 22
고모 ········ 23
산이 고맙고 ········ 24
첫사랑 ········ 25
그늘 ········ 26

제2부

안경 ········ 29

팽이 ……… 30
삼랑진역 ……… 31
눈은 내리는데 ……… 32
어머니 ……… 33
섬 ……… 34
실업 ……… 35
인교에서 ……… 36
부음 ……… 37
해질 무렵 ……… 38

제3부

이명 2 ……… 41
바퀴는 돌면서 ……… 42
폐원에서 ……… 43
정거장 ……… 44

모닝커피 ········ 45
거울 해변 ········ 46
종 ········ 47
대학시절 ········ 48
계단 ········ 49
모자 ········ 50

제4부

편지 ········ 53
엽서 ········ 54
바다 ········ 55
입술 2 ········ 56
입술 3 ········ 57
사랑 노래 ········ 58
낮달 ········ 59

습작 노트 ········ 60
역 ········ 61
희망 ········ 62

제5부

봄 ········ 65
모란 ········ 66
달맞이꽃 ········ 67
잎 ········ 68
밀양 ········ 69
기러기 1 ········ 70
성묘 ········ 71
노을 ········ 72
신발 ········ 73
지리산 1 ········ 74

제6부

저녁 식탁 ········ 77
별 ········ 78
식구 ········ 79
기러기 2 ········ 80
이명 1 ········ 81
반도 빌딩 안내도 ········ 82
석간 ········ 83
찻잔 ········ 84
이메일 ········ 85
집안현 처녀 ········ 86

제7부

전화 ········ 89
소곡小曲 ········ 90
주민등록증 2 ········ 91
눈 ········ 92
판자촌 입구 ········ 93
연필화 앞에서 ········ 94
여인숙 1 ········ 95
여인숙 2 ········ 96
남천강 ········ 97
굽 ········ 98
해설 | 시인이 스스로 찾은 '시조의 길'을 따라 / **장경렬** ··· 99

아직도 거기 있다

제1부

길

길은 빙폭인 양 벼랑 위에 걸려 있다

너는 지금 이 협곡을 운명처럼 받아 들었다

이월의 칼바람들이

쇳소리로 울고 있다

동백

전선의 깃발같이 타오르는 불꽃이 있다

동천을 찌르는 날 선 잎이 있다

순명의 그 시각까지

시들지 않는 결기가 있다

아직도 거기 있다
- 부곡리

쓰다 둔 수저가 아직도 거기 있다

내 꿈의 일기장이 아직도 거기 있다

어머니 반짇고리가 아직도 거기 있다

토란잎

물방울을 이고 있는 토란잎이 있다

우주를 이고 있는 토란잎이 있다

그곳에 햇살이 내려

아침이 눈부시다

시작詩作

아직도 못 다 새긴 자화상이 있어서

잦아지는 육신에 기름을 붓고

밤마다 나를 태워서

더듬더듬 너를 그린다

나이테

겉으로 태평스런 나무의 속살에도

지나간 시간들이 파편처럼 박혀 있다

공으로 건너갈 길이란

이 세상에 없는 것이다

고모

튜브도 구명조끼도

바란 적 없었건만

건너야 할 강물은 먼 산에 닿아 있었다

비바람 머리에 이고

갈대처럼 늙어간 여자

산이 고맙고

귀 안 막고 들어주는 산이 그저 고맙고, 눈 안 감고 봐주는 산이 그저 고맙고

마지막 육신도 거둬

품어주는

산이 고맙고…

첫사랑

배경은 노을이었다

머릿단을 감싸 안으며

고요히 떴다 감기는 호수 같은 눈을 보았다

내게도 그녀에게도

준비해둔 말이 없었다

그늘

세상 모든 그늘이란

그 사물의 어머니인 것

빛이었던 하루의 외롭고 아픈 상처를

안으로 쓰다듬어서

다시 내일을

일군다

제2부

안경

꺼도 희미하고 안 꺼도 희미하다

초점이 너무 많아

초점 잡기 어려운 세상

차라리 눈감고 보면

더 선명한

얼굴이 있다

팽이

쳐라, 가혹한 매여 무지개가 보일 때까지

나는 꼿꼿이 서서 너를 증언하리라

무수한 고통을 건너

피어나는 접시꽃 하나

삼랑진역

낙엽이 쌓여서

뜰은 숙연하다

노인 혼자 벤치에 앉아

안경알을 닦는 사이

기차는 낮달을 싣고

어디론가 가고 있다

눈은 내리는데

쉽게는 못 내보일 걱정 하나 품에 안고

자는 듯 돌아누워 아내는 밤을 샙니다

그 모습 몰래 훔치던

나도 따라 밤을 샙니다

어머니

아직도 내 사랑의

주거래 은행이다

목마르면 대출받고 정신 들면 갚으려 하고

갚다가

대출받다가

대출받다가

갚다가…

섬

너는 위안이다 말없는 약속이다

짓밟혀서 돌아오는 어두운 사내를 위해

누군가 몰래 두고 간

테라스의 불빛 하나

실업

길이 짧아졌다

제출할 서류가 없다

커서는 신호등처럼

쉴 새 없이 움직이지만

화면엔

초점도 없는

허공이

걸려 있다

인교에서

폭우가 계속되고 인력시장이 한산하다

돈은 그저 돈이지만 때로는 목숨이다

서럽고 지친 얼굴들이

말없이 돌아선다

부음

그 소식이 새벽하늘에 적막한 선을 그었다
세상이 다 잠든 밤에 내려치는 천둥이었다

지구의 한 모서리가
조금씩 무너져 갔다

해질 무렵

아침에 꽃이 피었다

맑은 이슬이 맺히었다

맺혀 있는 이슬 사이로 검은 바람이 지나갔다

이윽고 꽃잎 하나의

세상이 지고 있었다

제3부

이명 2

뱃고동 소리가 희미하게 들리곤 한다

이승의 우수가 담긴 곡조 없는 휘파람같이

노을을 따라나서는

저 강물의 나들이

바퀴는 돌면서

길은 달리면서 바퀴를 돌리지만

바퀴는 돌면서 길을 감고 있다

모나고 흠진 이 세상

둥글게 감고 있다

폐원에서

노을이 머슴새처럼 슬피 울고 있다

사람들은 귓속말로 무언가 수군대지만

헤어진 애인들처럼

숲은

말이 없다

정거장

문득 귀농이라며 돌아온 아들에게

애비는 웃고 있지만 속으론 앓고 있다

머물면 된다싶어도

이곳 또한 전장인 것을

모닝커피

돌아보면 바람 많고 눈, 비 오는 세상 속에서, 살피고 또 살펴도 가파른 오늘을,

곰곰이 헤아려보려 온기 도는 너를 든다

겨울 해변

이별의 전단지 같은 발자국이 흩어져 있다

파도는 낮은 음으로 그 사연을 켜고 있어서

내 다친 마음들까지

다 불러내고 있다

종

헤픈 입이 씨가 되어 거리의 종을 만들어

그 종소리에 놀라서 떠나버린 종지기여

떠나도 귀를 막아도

종은

종인 것을

대학시절

빙벽에 못을 박으며 누가 울고 있었다

때리면 때릴수록 구부러지던 역한 세월

멍이 든 가슴을 안고

뚜벅뚜벅 가고 있었다

계단

지금 내 앞에

계단이 놓여 있다

전부터 있었다 해도 처음 마주친 것

수없이 헤쳐가야 할

생애의

십자로 같은,

모자

모자 곁의 모자도, 모자 위의 모자도

모자 아래 모자도, 모자 속의 모자도

아직은 불편한 시대다 아직은 아픈 시대다

제4부

편지

스쳐만 가도 신열 나는

내 마음은 검정 실밥

젖은 옷자락 기워 눈먼 수를 놓으면

등피에 쌓인 일력만

행 밖에서

떨다 간다

엽서

수국이다, 문득 돌아난 그 사람 목소리는

화엄사 언저리로 한 채 민가의 밤이 오듯

꽃잎을 열고 깊어도

파적破寂할 수 없는 하늘

바다

알몸의 저녁바다가 유리창에 어린다

충혈된 항구의 피로 같은 노을이

어부의 구릿빛 이마 위를 바퀴벌레처럼 기어 다닌다

입술 2

유채 꽃밭에선 나비들이 놀고 있다

뜬 가슴처럼 부산한 흰 구름의 나들이

그대의 작은 입술이

물기에 젖고 있다

입술 3

젖은 담요를 깔고 잠은 지금 누워 있다

오늘밤 그가 맞이할 영혼의 고해성사

아파트 베란다에 걸린

빨래들이 푸석거린다

사랑 노래

그리움의 살결이 짐승처럼 만나서

피 흘리며 짜내는 직조물 같은 파도여

밤마다 네 소리 때문에

달이 하나 뜨곤 한다

낮달

기다림도 지쳐 잠이 든 그대의 맑은 하늘에

누가 몰래 풀어 놓았나 목이 마른 은비녀 하나

진초록 파도 깎으며 서쪽으로 흐르고 있네

습작 노트

무심한 마음에도 노을이 깔리는 시간

핀셋으로 건져둔 시든 낱말 몇 개

혹은 그, 허무를 향해

열려진 창의 꿈이여

역

아무도 내리지 않는 역이 하나 있었다

상처뿐인 과거 몇 행, 그리움에 찌든 문맥

뜰 앞의 은행나무는

그런 은유로 졸고 있었다

희망

길이 가파른 곳엔

반드시 샘물이 있다

상처가 깊을수록 깊어지는 사랑이 있듯

어둠을 뚫고 빛나는 저 별빛의 일획으로

제5부

봄

수피樹皮 속엔 어둠을 쫓는

물소리가 요란하다

그것들이 상처에 닿으면

죽창 같은 잎을 내민다

어혈진 가슴을 푸는

이 화해의 영토 위에서

모란

피면 지리라

지면 잊으리라

눈 감고 길어 올리는 그대 만장 그리움의 강

져서도 잊혀지지 않는

내 영혼의

자줏빛 상처

달맞이꽃

작은 웃음 보이며, 맑게 맑게 반짝이며

노을 속에 서 있는 산 개울가의 너는

장님이 데리고 가던

어느 딸애의 살결 같은 꽃

잎

전병같이 둥글고 따스한 봄을 기리며

물관부는 겨울에도 역사의 피를 옮겼다

마침내 어둠을 찌르는

저 일검一劍의 초록이여

밀양

내게 말 걸어 주던 소녀들은 가고 없지만

오버 깃을 세우고 영남루에 올라서면

아직도 내리고 싶은

마음의 역이 보인다

기러기 1

죽은 아이의 옷을 태우는 저녁

머리칼 뜯으며 울던 어머니가 날아간다

비워서 비워서 시린

저 하늘 한복판으로

성묘

봄비가 외투자락을

적시며 오고 있다

내일을 위해 읽었던

어둠의 교과서 같은

골 깊은 어머니 생애

여기 잠드셨다

노을

젖은 어깨 위에 하늘이 쌓여 있다

아무도 그의 이름을 말하려 하지 않는다

풋나무 잎사귀 같은

권세가 지고 있다

신발

저 저자의 환락과 지폐의 유혹을 건너

살아서 돌아오는 너는 아름답구나

불면의 시대를 지키는

너는 너는 아름답구나

지리산 1

- 무덤

유성이 흐르듯 홀연히 그대는 갔네

이 나라 푸른 잎들이 그 상처를 덮어 주었네

어둠을 뜯어먹으며

선승 같은

달도 나왔네

제6부

저녁 식탁

슬픔으로 구워낸 둥근 빵이 두 개

기쁨으로 구워낸 둥근 빵이 하나

포크는 망설이면서

주인을 엿보고 있다

별

어둠이 스크럼 짜고 발길을 묶는 저녁

마음의 변방에 와 두 손으로 하늘 가려도

당신은 풀무치처럼

바다 없는

슬픔만 긷네

식구

몇 번을 건설하고 또 몇 번을 파괴해 온

산마루 꼭대기에는 바람뿐인 집이 한 채

절망과 희망이 누워

서로 다른

꿈을 꾼다

기러기 2

만장처럼 젖은 글발이 하늘에 펄럭인다

저 횡서의 상형문자를 달빛에 비춰보면

추억을 현상해내는 미세한 필름이 있다

이명 1

가려서 들을 수 없는 귀의 숙명이여

오늘은 문 닫아걸고 제 한恨의 소리로 운다

이 세상 마른 갈밭을

휩쓸고 가는 바람 소리

반도 빌딩 안내도

일층은 경양식집
이층은 커피숍
삼층은 주점
사층은 노래방

마지막 관문을 열면
아누스 모텔이 있다

석간

오늘을 운반해 온 어둠의 손이 보인다

자살은 언제나 타살로 확인되었다

깨어진 소주병 같은 활자들의 표정을 보라

찻잔

사소한 일에도

내 흥분은

수위가 높다

그때마다

찻잔이

나를 다독인다

감정과 이성의 볼륨을

은근히

조절해준다

이메일
― S에게

어느 산촌일까

하늘엔 별이 많다

쟁여둔 주소들은 하나씩의 나의 미로

불현듯 이 길을 따라

가 닿고픈

소식이 있다

집안현 처녀

내 사랑 아직도 고구려에 살고 있네

거센 파도 꺾어서 말발굽 아래 밟던

그 사내 기다리면서

긴 머릿단 다듬고 있네

제7부

전화

저 미로의 언어들은

쓸쓸한 생의 대본

나를 관통해 간

고압의 전류들이

허공에

길을 만든다

아 부르튼

입술로

소곡小曲

우리 집 장 안에 숨어 있던 봄옷들이

우리도 모르는 사이에 새봄을 데리고 왔네

어둠의 띠를 풀어서

강물에 던지는 삼월

주민등록증 2

누가 여기 담긴 욕망을 질타하리

누가 여기 담긴 내일을 읽어 내리

아직은 시효가 남은

우리 인생의 여권 한 장

눈

눈을 뭉쳐서 벽에 던졌더니

눈은 간 데 없고 나만 흩어져 있다

그늘이 깊은 것이어서

잘 녹지도 않을 것이다

판자촌 입구

가느다란 가지 끝에

앉아 있는 한 마리 새

칼바람 다시 와서

가지들을 흔들 때

저 새는

무엇을 향해

또 어디로 떠나야 할까

연필화 앞에서

선을 물고 날지만 너는 비정한 인내

욕망의 색깔들을 가슴에 묻어두고

회색빛 그 폐허 위에

영혼의 집을 짓는

여인숙 1

눈보라는 날리고

바람은 울어 대고

동백의 열아홉

너를 너를 기다리던 역

내 지닌 독이빨 같은

성애性愛의

푸른 불꽃

여인숙 2
― 김홍숙 전

언니는 미국 가고

오빠는 군에 가고

엄마는 장사 가고

아빠는 저승 가고

다 낡은 목조 가옥에서

너는 쉽게 꽃을 팔고

남천강

유정하다 초록 강물 눈웃음 짓고 있네

밤에 잠시 다녀가신 보슬비 때문인가

머릿단 풀어헤쳐서

물안개도 나부끼네

굽

굽이 낮으면 발은 외려 편하고

발이 편할수록 먼 길도 가벼운데

주인은 머릴 조아려

왜 굽만 높이려 하나

해설

시인이 스스로 찾은 '시조의 길'을 따라
— 이우걸 시인의 단시조 세계

장경렬(서울대 영문과 교수)

1. '아직도 거기 있는 시인'을 찾아서

논자가 이우걸 시인과 인연을 맺은 것은 1980년대 말이다. 그 당시 대입 관련 영어 과목 출제위원이었던 논자는 세계사 과목 검토위원 자격으로 출제 팀에 합류한 이우걸 시인과 만나 인사를 나누게 되었다. 출제와 검토 작업이 끝난 다음 논자는 이우걸 시인과 이러저러한 주제를 놓고 담소의 시간을 갖기도 했는데, 당시 그와의 만남과 관련하여 무엇보다 기억에 남는 것은 시조에 대한 그의 사랑과 열정이었다. 시조에 대해 나름의 관심을 갖고 있던 논자는 그의 제안에 따라 얼마 후 시조에 관한 논문을 한 편 쓰게 되었는데, 그것이 바로 『현대 시조 28인선』(청하, 1991)에 실린 「시간성의 시학—문학 장르로서 시조의 가능성」이다. 이처럼 이우걸 시인과의 만남이 계기가 되어 논자는 시조에 관한 글쓰기에 입문하게 되었던 것이다. 그 이후 이우걸 시인의 시조 작품을 광범위하게 읽고, 또한 작품론을 쓸 기회도 여러 번 갖게 되었다. 그렇게 해서 친숙해진 이우걸 시인의 시 세계를 한마디로 평가하자면, 시조가 전통 시가의 차원을 넘어 현대성을 획득하는 일에 모범을 보여 준 사례라 말할 수 있을 것이다. 다시 말해, 시조가 한국 현대 문학의 장르 가운데 하나로 입지를 더욱 굳건히 하는 데 그의 시 세계는 응분의 소중한 역할을 수행했다고 평가할 수 있다.

이우걸 시인은 장석주 시인과 공동으로 편집한 『현대 시조 28인선』이 출간되고 얼마 후 논자를 그의 고향인 부곡으로 초청하여, 몇몇 시조 시인과 함께 온천욕과 담소를 즐길 기회를 미련하여 주었다. 약 4반세기 전의 일이지만, 그때 자리를 함께했던 시인들의 모습이 아직도 기억에 선하다. 시조 시인들과 하룻밤을 보내며 시조의 앞날에 대해 진지하게 이야기를 주고받던 그날의 추억이 지금 이 순간 갑작스럽게 기억에 떠오른 이유는 무엇인가. 무엇보다 작품론 원고 작성을 위해 이우걸 시인이 논자에게 보낸 시집 원고를 읽는 도중 「아직도 거기 있다」의 부제에 해당하는 "부곡리"라는 말이 기억을 일깨웠기 때문이다. 이번의 시집 『아직도 거기 있다』에 표제를 제공하기도 한 이 작품을 함께 읽기로 하자.

쓰다 둔 수저가 아직도 거기 있다

내 꿈의 일기장이 아직도 거기 있다

어머니 반짇고리가 아직도 거기 있다
                    —「아직도 거기 있다—부곡리」 전문

 제목이 암시하듯, 이 시에서 이우걸 시인이 말하는 "거기"는 그의 고향인 경상남도 창녕군 부곡이다. 이 시에서 시인은 자신의 고향인 부곡에 아직도 "쓰다 둔 수저"도, "내 꿈의 일기장"도, "어머니 반짇고리"도 있음을 노래한다. 시인의 전언에 따르면, 실제로 그가 성장기를 보낸 고향집에는 형님이 살고 계시며, 그곳에는 어린 시절 시인의 삶을 떠올리게 하는 이러저러한 것들이 남아 있다 한다. 하지만 진실로 중요한 것은 아직도 고향에 남아 있을 법한 수저나 일기장 또는 어머니의 반짇고리 자체가 아닐 수도 있다. 오히려 시인의 기억 속에서 여전히 살아 숨 쉬고 있는 수저, 일기장, 어머니의 반짇고리—즉, 어린 시절의 삶, 그 시절의 염원, 어머니의 손길—이 한층 더 소중한 것일 수도 있다. 물리적인 의미에서의 고향과 달리 마음속의 고향이 항상 시인과 함께하기 때문이다. 결국, "거기"는 물리적인 장소를 지시하는 것으로 읽을 수도 있지만, 이와 동시에 시인의 의식 저편에 자리하고 있는 기억 속의 장소를 지시하는 것으로 읽을 수도 있다.

그렇다면, 의식 저편에 존재하는 "거기"와 물리적 공간으로 존재하는 "거기" 사이의 궁극적인 차이는 무엇일까. 다소 엉뚱해 보일 수도 있겠지만, 그 차이를 로버트 피어시그(Robert Pirsig)가 『선과 모터사이클 관리술』에서 거론한 바 있는 "로고스"와 "뮈토스" 개념에 기대어 이해할 수도 있으리라. 만일 이 같은 이해가 허락된다면, "세계에 대한 우리의 합리적 이해의 총합"을 지시하는 개념인 로고스는 물리적 공간으로서의 "거기"와 관계되는 것으로, 로고스에 선행하여 존재하는 "신화의 총합"을 지시하는 개념인 뮈토스는 의식 저편의 "거기"와 관계되는 것으로 정리할 수도 있으리라.[1] 요컨대, 물리적 공간으로서의 "거기"가 합리적이고 공적인 이해의 영역에 속하는 것이라면, 기억 속의 "거기"는 초(超)논리적이고 사적인 이해의 영역에 속하는 것이라 할 수 있다. 이런 관점에서 보는 경우, 기억 속의 "쓰다 둔 수저"와 "내 꿈의 일기장" 및 "어머니 반짇고리"는 시인의 의식 저편에 내재되어 있는 초시간적 상징들—넓게 보아, 한 인간의 의식 세계 저편에 숨어 있는 개인적이고 사적인 신화소(神話素)들—이라 할 수도 있을 것이다. 우선 "쓰다 둔 수저"가 먹는 일이 빠질 수 없는 현실적인 삶의 현장 또는 시인이 견뎌야 했던 척박한 과거의 삶에 대한 상징이라면, "내 꿈의 일기장"은 어린 시절 시인의 염원에 대한 상징일 수 있다.

---

[1] 로버트 피어시그, 『선과 모터사이클 관리술』, 장경렬 역, 문학과지성사, 2010, 621쪽 참조.

추측건대, 초등학교 4학년 때부터 시를 썼다고 논자에게 말한 적이 있는 시인에게 그러한 염원 가운데 하나는 '좋은 시를 쓰는 일'이었으리라. 그렇다면 "어머니 반짇고리"가 의미하는 바는 무엇일까. 물론 이때의 '반짇고리'는 바느질 도구를 담는 상자 또는 용기를 가리킨다. 언젠가 논자는 이우걸 시인에게 시조란 "'적요의 공간'에 언어로 놓는 '수(繡)'"와 같은 것이라 논한 바 있거니와, "어머니 반짇고리"는 시인이 여일하게 추구해 온 현대 시조의 원형적 틀에 해당하는 전통적 시조 형식에 대한 상징일 수 있지 않을까.

요컨대, 「아직도 거기 있다」는 인간의 현실적 삶에 대한 시인의 의식과 관심이 그의 마음속에 언제나 자리하고 있음을, 시를 향한 오랜 염원이 아직도 시인의 마음속에 내재되어 있음을, 그리고 우리 시 고유의 정형적 틀이 시인의 마음을 여일하게 지배하고 있음을 암시하는 시로 읽을 수도 있다. 지난 1973년 『현대 시학』을 통해 등단한 이래 40년이 훌쩍 넘는 세월 동안 발표한 작품들이 증명해 주듯, 시인의 의식 저편에 자리하고 있는 것은 이처럼 인간의 삶에 대한 지속적인 관심과 시조에 대한 시인으로서의 여일한 희망과 애정으로 요약될 수 있다. 이번 시집에서 시인은 이 같은 자신의 관심과 희망과 사랑을 단시조 형식 안에 담아 놓고 있거니와, 단시조 형식이기에 이를 통해 전하는 시인의 시적 메시지는 그만큼 단출하면서도 선명하다.

이우걸 시인은 지난해인 2014년 여름 우연히 함께한 자리에서 자신이 요즈음 단시조 창작에 전념하고 있음을 밝힌 바 있는데, 그 과정에 창작된 작품 가운데 하나가 바로 위의 작품이다. 논자는 오래전부터 시조란 정형시의 일종이고, 정형시란 정해진 시적 공간과 시인 사이의 긴장 관계를 전제로 하는 시 형식임을 힘주어 말해 왔다. 즉, 시인의 시심을 구속하려는 형식과 이러한 구속에서 벗어나려는 시인의 시심 사이의 힘겨루기를 통해 양자 사이에 아슬아슬한 긴장과 균형을 이루어야 하는 것이 정형시로서의 시조다. 이렇게 말할 수도 있겠다. 시조란 본래 형식의 제약을 받아들이면서도 이에 저항하는 시인이, 또한 형식의 제약에 저항하면서도 동시에 이를 받아들이는 시인이 마침내 이룩해 낸 갈등과 긴장의 산물이라 할 수 있다.

이 점을 감안한다면, 3장 6구 12음보라는 제약 안에서 승부를 걸 것을 요구하는 단시조 형식의 구속에서 벗어나 임의로 길이를 늘이는 연시조 형식—또한, 어떤 의미에서 보면, 언어의 절약에서 비교적 자유로운 사설시조 형식—은 시조의 새로움 또는 현대화를 도모하기 위한 탈출구일 수도 있지만, 갈등과 긴장의 강도를 낮추었다는 점에서 일종의 '일탈'에 해당하는 것으로 볼 수도 있다. 사실 요즈음 시조 시단에 발표되는 연시조 형식의 작품 가운데 시적 긴장감이 끝까지 유지되지 못하는 경우를 종종 볼 수 있는데, 이는 부분적으로 이 같은 '일탈'에 기인한 것인지도 모른다. 또한 자의적인 판단일 수 있으나 오늘날의 시조 작품 가운데 적지 않은 예들이 옛날의 시조에 비해 속도감을 잃은 채 어딘가 이완되어 있고 단정치 못하다는 느낌을 준다면, 이 또한 부분적으로 이 같은 '일탈'이 시조 시단의 주류를 이루고 있기 때문인지도 모른다. 이런 관점에서 볼 때, 시대가 바뀌었다 해도 시조의 시조다움은 단시조 형식에서 찾아야 한다는 논리는 결코 지나친 것일 수 없다. 어찌 보면, 단시조 형식은 시조의 '원형'(原形, ur-form)이라 할 수 있으며, 이로 인해 단시조 형식이 요구하는 3장 6구 12음보라는 형식상의 제약 안에서 시조의 궁극적인 정체성을 찾을 수도 있다.[2]

이처럼 시조의 정체성을 단시조에서 찾고자 하는 논자이기에, 이우걸 시인이 단시조 창작에 주력하고 있다는 소식에 반가워하지 않을 수 없었던 것이다. 그러던 차에, 근년에 집중적으로 창작한 단시조 작품뿐만 아니라 등단 이후에 발표한 단시조 작품을 함께 모아 말 그대로 단시조만으로 이루어진 시집 『아직도 거기 있다』를 발간한다는 소식에 반가움은 배가되었다.

하지만 이번 시집에 대한 작품론 집필 의뢰를 받고 원고를 전체적으로 훑어본 논자는 반가워하고 있을 수만은 없었다. 젊은 시인의 아픔이 담겨 있는 시에서 시작하여 나이 지긋한 시인의 시적 깨달음과 관조적 시선이 감지되는 시에 이

---

[2] 단시조에 관한 이상의 논의는 논자의 「오늘의 시조를 진단한다—단시조 형식의 시조에 대한 관심을 촉구하며」, 『시조 21』 2013년 봄호, 107-108쪽 참조.

르기까지 다양한 작품이 담겨 있는 이번 시집에 대한 작품론을 과연 어떤 방식으로 써야 하는가. 이 물음 앞에서 어찌 반가움이 걱정으로 바뀌지 않을 수 있었겠는가. 걱정 속에 원고를 거듭 읽는 동안 문득 『논어』의 위정편(爲政篇)에 있는 저 유명한 공자의 말이 떠올랐다.

吾十有五而志于學, 三十而立, 四十而不惑, 五十而知天命,
六十而耳順, 七十而從心所欲, 不踰矩.

위의 인용에 대한 서울대학교 김학주 교수의 번역은 다음과 같다. "나는 열다섯 살에 배움에 뜻을 두었고, 서른 살에는 자립을 하였으며, 마흔 살에는 미혹되지 않게 되었고, 쉰 살에는 천명을 알게 되었고, 예순 살에는 귀로 듣는 대로 모든 것을 순조로이 이해하게 되었고, 일흔 살에는 마음 내키는 대로 좇아도 법도를 넘어서지 않게 되었다."[3] 그와 같은 공자의 말을 떠올리자, 길이 보이는 듯도 했다. 길이 보이다니? 공자의 말에 기대어 시인의 시 세계를 조명하는 경우 난감한 작품론 쓰기에 돌파구가 생길 수도 있으리라는 데 생각이 미쳤던 것이다. 이번 시집에 담긴 시인의 시 세계를 젊은 시절의 작품에서 최근의 작품에 이르기까지 연대순으로 정리하면 과연 어떤 모습이 될까. 이어지는 논의는 이 물음에 대한 논자 나름의 답변에 해당하는 것이다.

---

3) 김학주 역주, 『論語』 제2전정판, 서울대학교 출판부, 2007, 130쪽.

2. 지학志學의 나이 이후, 또는 「편지」가 의미하는 것

'지학'은 '열다섯 살에 배움에 뜻을 두었다'는 공자의 말에서 나온 말로, 열다섯의 나이를 가리킨다. 그 나이의 이우걸 시인은 어떤 소년이었을까. 모르긴 해도, 시를 사랑하는 소년이었으리라. 초등학교 4학년 때부터 시 창작을 시작했다는 시인의 전언이 이 같은 추측을 뒷받침한다. 아무튼, 그는 논자에게 자신이 시인이 되겠다는 생각을 굳힌 것은 스물다섯이 되던 때라 말한 적이 있다. 이에 비춰 보면, 1946년생인 그가 시인의 길로 들어서기로 결심한 것은 지학의 나이가 되고 약 10년 후의 일이다. 그리고 그의 그런 결심은 곧 결실을 맺게 되는데, 그는 2년 후인 1973년에 『현대 시학』을 통해 시조 시인으로 등단한다. 당시에 등단의 과정을 거쳐 추천된 작품 가운데 하나가 「편지」로, 이는 이번 시집에 수록된 작품 가운데 가장 오래된 작품이다.[4] 이 작품에서 우리는 아파하는 한 젊은이의 마음을 엿볼 수 있거니와, 이를 함께 읽기로 하자.

---

[4] 「편지」는 1977년에 발간된 시집 『지금은 누군가 와서』(학문사)에 수록되어 있지만, 널리 알려져 있듯 1973년 『현대 시학』에 수록된 등단작이기도 하다.

    스쳐만 가도 신열 나는

    내 마음은 검정 실밥

    젖은 옷자락 기워 눈먼 수를 놓으면

    등피에 쌓인 일력만

    행 밖에서

    떨다 간다

―「편지」 전문

  단시조의 초장에 해당하는 이 시의 제1행과 제2행에서 우리가 만나는 것은 마음의 병을 앓고 있는 젊은이이다. 우리가 몸살을 앓을 때에는 피부를 덮고 있는 잔털에 옷깃이 살짝 스치기만 해도 통증을 느끼게 마련이다. 시인이 여기서 독자에게 드러내고자 하는 것은 이처럼 몸살을 앓는 사람의 몸처럼 예민해진 시인의 마음이다. 즉, 시인은 무언가가 자신의 마음을 "스쳐만 가도" 엄습하는 "신열"에 고통스러워한다. 한편, 제2행에서 확인할 수 있듯 시인은 자신의 "마음"을 "검정 실밥"과 동일시하고 있거니와, 이는 몸살로 인해 통증이 극심할 때면 피부의 잔털에 온 신경이 모이는 것 같은 느낌을 암시하기 위한 것이리라. 그렇다면, 제3행의 "젖은 옷자락"이 암시하는 바는 무엇일까. 몸살을 앓는 사람의 몸에 비유하자면, 이는 바로 피부를 지시하는 것일 수 있다. 결국, "검은 실밥"이 드러날 만큼 터져 벌어진 "옷자락"에 감싸인 몸과 같은 것이 시인의 마음이라는 암시를 여기서 읽을 수 있다. 시인은 이처럼 마음의 병을 몸살에 빗대어 묘사하고 있거니와, 이를 통해 자신이 앓고 있는 마음의 병이 얼마나 극심한가를 생생하게 극화(劇化)하고 있다.

그렇다면 무엇 때문에 시인이 이처럼 마음의 병을 앓고 있는 것일까. 이와 관련하여, 우리는 우선 시의 제목과 제3행에 담긴 시적 진술을 주목하지 않을 수 없다. 무엇보다 '깁다'나 '수를 놓다'는 글쓰기를 암시하는 것일 수 있고, 이 같은 글쓰기는 누군가에게 전할 "편지"를 쓰는 것으로 이해할 수 있다. 하지만 시인의 글쓰기는 "젖은 옷자락 기워" 놓는 "눈먼 수"와 다름없다. 즉, 시인의 글쓰기는 젖은 천에 수를 놓듯 수월치 않은 것일 뿐만 아니라, 힘겹게 쓰는 글조차 눈먼 사람이 놓은 수처럼 (물론 예외적인 경우도 있겠지만) 정연하지도 깔끔하지도 않다. 단시조의 종장에 해당하는 제4행과 제5행은 그처럼 힘겹게 쓰는 편지조차도 끝내 완성하지 못한 채 버릴 수밖에 없음을 암시한다. 추측건대, 시인은 "등피"—즉, 등(燈)의 갓—을 씌운 등 곁에서 글을 쓰고 있는 것이리라. 하지만, "등피에 쌓인 일력만 / 행 밖에서 떨다 간다"는 시적 진술이 암시하듯, 시인은 며칠을 걸려 편지로 써 보낼 글을 구상하지만 그 글은 제대로 글 안에 편입되지 못한 채 신열에 들뜬 시인의 마음 안에서 "떨다" 사라질 뿐이다.

만일 이상과 같은 우리의 시 읽기가 타당한 것이라면, 「편지」는 사랑하는 이에게 편지를 보내려 글을 쓰지만 끝내 글다운 글을 쓰지 못하는 시인의 아픈 마음을 담고 있는 작품이라고 추론할 수 있다. 하기야 20대의 젊은이에게 사랑만큼 소중한 일이 어디 있겠는가. 그리고 사랑하는 이에게 자신의 마음을 전하는 편지를 쓰려 하지만 그것이 제대로 되지 않을 때 느끼는 좌절만큼 마음을 병들게 하는 것이 어디 있겠는가. (요즈음의 젊은이들과 달리, 1970년대의 젊은이들은 여전히 편지로 사랑을 고백하기도 했다!)

하지만 그것이 전부일까. 다시 말해, 이 시가 전하고자 하는 메시지가 단순히 이루어질 수 없는 사랑으로 인한 젊은이의 고통뿐일까. 우리가 이 같은 물음을 던지는 이유는 무엇인가. 이 시의 '나'는 그냥 젊은이가 아니라 시인의 길을 열망하는 젊은이이기 때문이다. 바로 이 점을 감안할 때, 이 시에서 시인이 말하는 마음의 병과 아픔은 시 창작의 어려움과 이에 따른 고통에서 비롯된 것일 수도 있으리라. 즉, 시를 사랑하는 이들에게 편지를 전하듯 멋진 시를 창작하여 보이고 싶지만 창작이 뜻대로 되지 않음에 좌절하고 아파하는 젊은 시인의 마음을 드러낼 듯 감추고 있는 작품이 다름 아닌 「편지」일 수도 있다. 이에 따라 우리는 「편지」가 의미하

는 바를 젊은 시인의 '시'에 대한 갈망과 아픔에서 찾을 수
도 있으리라.

3. 이립而立의 나이 이후, 또는 「팽이」가 의미하는 것

 시로 인한 것이든 또는 사랑으로 인한 것이든 젊은 시인
의 좌절과 아픔을 감지케 하는 「편지」와 같은 작품으로 출발
한 이우걸 시인의 시 세계가 변모의 과정을 거치는 것은 지
극히 당연하고도 자연스럽다. 누구라도 아파하고 있을 수만
은 없기 때문이다. 이를 증명하듯, 시인 이우걸은 '이립'의
나이를 넘기고 30대의 삶을 살아가는 동안 자신의 시 세계가
나아갈 길을 진지하게 모색하고 마침내 확고하게 그 방향을
정립한다. 공자가 말하는 이립은 '뜻을 독자적으로 확고하게
세웠다'는 의미로 이해될 수도 있거니와, 이우걸 시인에게
이립 이후 30대 나이의 세월은 '시조의 정체성'과 관련하여
뜻을 독자적으로 확고히 세우는 시기였다 말할 수 있으리라.
아마도 이를 선명하게 보여 주는 작품 가운데 하나가 「팽이」
일 것이다.5)

---

5) 「팽이」는 1988년에 출간한 시집 『저녁 이미지』(동학사)에 수록되어
 있지만, 이우걸 시인에 의하면 이는 1970년대 말 정치적으로 사회
 적으로 암울한 시기에 창작한 것이라 한다. 즉, 시인이 30대의 나이
 에 창작한 작품이다.

쳐라, 가혹한 매여 무지개가 보일 때까지

　　나는 꼿꼿이 서서 너를 증언하리라

　　무수한 고통을 건너

　　피어나는 접시꽃 하나
　　　　　　　　　　　　　　　　―「팽이」 전문

　이 시에 대한 독해는 두 차원으로 나눠 진행할 수 있을 것이다. 우선 "팽이"를 가지고 노는 아이에 대한 관찰을 있는 그대로 담고 있는 시로 읽을 수 있거니와, 아마도 팽이를 가지고 놀아 본 적이 있는 이라면 이 시가 표면에 담고 있는 이 같은 메시지를 쉽게 이해할 수 있을 것이다. 팽이는 둥근 모양의 나무토막 한 쪽 끝을 뾰족하게 깎아 만든 장난감으로, 어느 팽이든 거의 예외 없이 평평한 위쪽 표면에 다양한 색깔이 칠해져 있게 마련이다. 일단 팽이를 돌리기 시작하면 팽이는 축을 중심으로 하여 "꼿꼿이" 서게 마련이고, 위쪽 표면은 더할 수 없이 현란한 색채의 향연을 연출하게 마련이다. 시인의 말대로 마치 한 송이의 "꽃"이 피어나는 듯한 착각에 빠져들게 한다. 팽이채로 쳐서 돌리는 팽이의 경우, 채질을 계속하면 할수록 팽이의 회전 속도는 증가하고 이에 따라 색채의 향연은 "무지개가 보일 때까지" 계속 이어지게 마련이다. 어린 시절에 이 같은 색채의 향연에 매혹되었던 경험이 있는 사람이라면, 「팽이」가 담고 있는 이 같은 표면적 의미에 쉽게 다가갈 수 있으리라.

하지만 「팽이」에 대한 시 읽기는 이 같은 차원의 시 읽기로 끝낼 수 없다. 무엇보다 이 시를 장식하는 몇몇 언사들이 예사롭지 않기 때문이다. 먼저 이 시를 시작하는 "쳐라"라는 반항적 언사에 유의하기 바란다. "어져"라는 탄사(歎辭)로 시작되는 황진이의 시조가 그러하듯, 이 시는 반항적 언사로 시작함으로써 몽롱하게 잠들어 있는 우리의 의식에 충격을 가한다. 몽롱한 상태에서 깨어난 우리의 의식을 향해 시인은 "가혹한 매"라든가 "무수한 고통"과 같은 예사롭지 않은 언사를 계속해서 던진다. 이를 통해 시인은 자신의 시가 단순히 우리의 어린 시절에 대한 기억을 일깨우기 위한 '팽이채'만은 아님을 암시한다. 시인이 「팽이」라는 '팽이채'를 동원하여 일깨우고자 하는 또 다른 차원의 대상은 무엇일까. 그것은 바로 당대의 현실에 대한 사람들의 의식 아닐까. 다시 말해, "가혹한 매"는 시인이 몸담고 살던 시대에 대한 우의(寓意, allegory)를 담기 위한 것일 수 있다.

이런 관점에서의 시 읽기가 가능하다면, 이 시의 화자(話者)인 "팽이"는 시대적 현실을 견디며 살아가는 시인 자신일 수 있다. 시인은 "팽이"로 등장하여 "가혹한 매"를 가하는 '팽이채'와도 같은 현실과 마주하고 있는 것이다. 이처럼 또하나 다른 차원에서의 의미가 '팽이채'에 부여될 수 있거니와, 이때의 현실은 물론 정치적 현실을 암시하는 것일 수 있으리라. 시인 이우걸이 청년기와 장년기를 보낼 당시 한국의 정치 현실을 지배하는 것은 실로 "무수한 고통"을 안기는 "가혹한 매"였다 해도 과언이 아닐 것이다. 문제는 이 시에서 화자인 팽이가 팽이채에게 "가혹한 매"로 자신에게 "무수한 고통"을 주도록 부추기고 있다는 데 있다.

일반적으로 사람들은 "가혹한 매" 앞에서 한없이 두려워하거나 고통에 신음하게 마련이다. 아니, "가혹한 매"를 가하는 쪽에서 원하는 것은 다름 아닌 그와 같은 반응이다. 하지만 "쳐라"라는 반항적 언사는 '팽이채'―다시 말해, 가해자―의 기대를 여지없이 깨뜨린다. 이 경우 가해자는 매질을 포기할 수도 있겠지만 실제로 그렇게 하는 경우는 많지 않을 것이다. 오히려 야멸찬 매질의 강도를 높여 상대를 더욱더 고통스럽게 하는 일에 열중할 확률이 높다. 하지만 팽이채의 매질에 더욱 꼿꼿하게 서는 팽이처럼 "가혹한 매"를 견디는 쪽은 당당하기만 하다. "꼿꼿이 서서 너를 증언하리라"라는 발언에서 우리는 매질에 맞서 이를 결연하게 견디고자 하는 시인의 마음을 읽을 수 있지 않은가. 고통에도 불구하고 이를 결연하게 이겨내는 강인한 정신이 마침내 도달하는 의식의 '찬란한 경지'가 있다면, 이는 어떤 것일까. "무수한 고통을 건너 / 피어나는 접시꽃 하나"는 이 같은 물음에 대한 시인의 답변일 수 있다.[6]

---

[6] 이상의 논의와 관련해서는 논자의 『시간성의 시학―시조에 대한 새로

사회에 대한 비판적 시선을 우의적으로 담고 있는 이 작품이 오늘날의 시조 시단에서 갖는 의미는 결코 만만치 않은 것이다. 논자는 앞서 언급한 「시간성의 시학」이라는 글에서 시조의 현대화를 위한 시조 부흥 운동은 경향문학파에 대응하여 국민문학파에 의해 주도되었음을, 그러니까 '전통적인 민족정신 계승'이라는 명분론에서 출발했음을 지적한 바 있다. 아울러, '전통적인 민족정신의 계승'이라는 논리는 현재적인 역사의 흐름에서 벗어나 초월적이고 보편적인 추상의 세계로 되돌아감을 뜻할 수 있음을 지적하기도 했거니와, 역사를 초월하여 존재하는 보편적 정신의 구현을 위해 시조 양식이 선택되었다 말할 수 있다. 이러한 경향에 대한 비판 과정에 논자는 시조란 본래 '상징(象徵, symbol)의 시'가 아닌 '우의(寓意, allegory)의 시'였음을 논증하는 동시에, '시조다운 시조'를 위해서는 '우의의 시' 고유의 시간성과 현실성을 복원할 필요가 있음을, 이런 관점에서 볼 때 현실에 대한 관심과 비판이 시조의 필수 요건임을 주장한 바 있다.[7] 어떤 의미에서 보면, 강한 현실 비판 의식을 담고 있는 이우걸 시인의 단시조 「팽이」는 논자가 주장하는 바의 '시조가 갈 길'을 구체적으로 보여 준 예라 할 수 있다. 시조의 정체성에 대한 당시 시조 시단에서의 논의가 새로울 것이 없었던 점에

　　운 이해를 위하여』(서울대학교 출판문화원, 2013년 5월)에 수록된 글 「관조와 성찰의 시학―시조 시인 이우걸을 "운반해 온 시간의 발자국"을 따라」, 152-155쪽 참조.
7) 장경렬, 「시간성의 시학」, 『현대 시조 28인선』, 청하, 1991, 230-231쪽.

비춰보는 경우, 「팽이」는 진실로 예외적인 작품이라 하지 않을 수 없다. 이는 정녕코 현대 시조의 전개 과정에 하나의 이정표 역할을 한 작품이라 말할 수 있으리라.

우리가 이우걸 시인에게 30대의 나이는 '시조의 정체성'과 관련하여 독자적으로 나름의 뜻을 확고히 세우는 시기였다고 판단하는 것은 이런 맥락에서다. 「팽이」가 하나의 실례가 되고 있듯, 30대의 나이에 시인 이우걸은 "시절가조"로서의 시조가 앞으로 추구해야 할 목표는 "현실 반응에 민감한 시조"[8]임을 확고하게 깨달았던 것이리라. 「팽이」를 창작하던 30대의 나이가 시인 이우걸에게 특히 중요한 의미를 갖는다면 이 때문이다.

4. 불혹不惑의 나이 이후, 또는 「판자촌 입구」가 의미하는 것

마흔의 나이를 가리키는 '불혹'은 말 그대로 '미혹되지 아니함'을 뜻한다. 즉, 남의 말에 홀려 정신을 차리지 못하거나 외부의 유혹이나 간섭에 흔들리지 않음을 의미한다. 이우걸 시인의 「판자촌 입구」에 담긴 시 구절을 인용하여 말하자면, "칼바람 다시 와서 / 가지들을 흔들"지만 "가느다란 가지 끝에 / 앉아 있는 한 마리 새"가 자리를 지키듯 흔들림이

---

[8] 이우걸, 『우수의 지평』, 동학사, 1989, 203쪽.

없는 경지를 공자는 불혹으로 표현한 것이리라. 하지만 우리와 같은 범인(凡人)이 어찌 공자와 같은 성인이 그러했듯 마흔의 나이에 이르렀다 해서 쉽게 불혹의 경지에 이를 수 있겠는가. 오규원 시인이 「만물은 흔들리면서」에서 노래했듯, 우리가 "빈들에 가서 비로소 깨닫는" 것이 있다면 "우리도 늘 흔들리고 있음"이 아니겠는가. 논자를 포함한 모든 범인이 그러했고 앞으로도 그러하겠지만, 시인 이우걸도 가눌 길이 없이 흔들리는 40대의 삶을 살았을 것이다. 하지만 그는 적어도 앞서 검토한 「팽이」와 같은 시가 우리를 일깨워 인도하는 '시조의 길'—그것도 시인이 스스로 찾은 '시조의 길'—을 향해 발걸음을 옮기는 데는 조금도 흔들림이 없었던 것처럼 보인다. 이를 확인케 하는 작품이 다름 아닌 「판자촌 입구」다.9)

가느다란 가지 끝에

앉아 있는 한 마리 새

칼바람 다시 와서

---

9) 「판자촌 입구」는 시인의 나이가 50세인 1996년에 출간된 시집 『사전을 뒤적이며』(동학사)에 수록되어 있다. 이전 시집인 『저녁 이미지』가 시인의 나이가 42세인 1988년에 출간되었다는 점을 감안한다면, 이 시는 시인이 40대의 나이에 창작한 것으로 추론된다. 시인 자신이 아주 오래전부터 간직하던 시상을 시화(詩化)하여 40대의 나이에 발표한 작품임을 논자에게 밝힌 바 있기도 하다.

가지들을 흔들 때

저 새는

무엇을 향해

또 어디로 떠나야 할까
―「판자촌 입구」 전문

「팽이」에서 "팽이"가 화자(話者)이자 시인 자신을 지시한다면, 「판자촌 입구」에서 "새"는 화자인 시인이 눈길을 주는 관찰 대상으로 제시되고 있다. 한편, 제목이 "판자촌 입구"임을 감안할 때 관찰이 이루어지는 장소는 궁핍함과 누추함을 연상케 하는 판자촌의 입구다. 말하자면, 시인은 자신이 판자촌 입구에서 그 근처에 있는 나무의 가지에 앉아 있는 새 한 마리를 바라보는 것으로 이 시의 구도를 설정하고 있다. 한편, 나무의 굵은 가지뿐만 아니라 "가느다란 가지"까지 시인의 눈에 들어오고 이따금 "칼바람"이 불고 있다는 점에서 보면, 시간적 배경은 춥고 을씨년스러운 늦은 가을이나 겨울이리라. 아무튼, 잎이 무성하고 열매가 풍요로운 동시에 바람이 따뜻하거나 시원한 계절이 시간적 배경은 아니다. 이처럼 가난함과 스산함을 장소와 시간의 배경으로 설정함으로써 시인은 이 시를 어떤 방향으로 읽을 것인가의 길을 제시하고 있다.

우선 이 시는 「팽이」와 관련하여 우리가 그러했듯 있는 그대로 대상에 대한 관찰을 담은 시로 읽을 수도 있다. 앞서 말했듯, 장소뿐만 아니라 시간이 가난과 스산함을 연상케 하기에, "가느다란 가지 끝에 / 앉아 있는 한 마리 새"의 모습은 시인의 눈에 그만큼 더 쓸쓸해 보였을 것이다. 그리고 그렇기에 더더욱 시인의 눈길을 끌었던 것이리라. 아무튼, 홀로 가지에 앉아 있는 한 마리 새에게 시인이 눈길을 주는 동안, 칼바람이 다시 스쳐 지나간다. 그리고 칼바람에 가지는 흔들리지만 새는 움직이지 않는다. 물론 가지가 흔들림에 따라 새의 몸도 함께 흔들렸겠지만, 가지에 앉아 있는 새의 자세 자체에 변화가 있지는 않았을 것이다. 그런 새를 바라보며 시인은 상념을 잇는다. "저 새는 / 무엇을 향해 / 또 어디로 떠나야 할까." 어찌 보면, 칼바람에도 불구하고 몸을 움직이지 않는 새를 바라보며, 시인은 무언가 골똘히 자기만의 생각에 잠겨 있는 새를 상상하고 있는 것이리라. 아마도 새는 이제 곧 어디론가 떠나야 할 철새일 수도 있고, 보금자리로 삼았던 숲이 사라짐에 따라 살 곳을 찾아 떠나야 할 텃새일 수도 있으리라. 아니, 그냥 먹이를 찾아 어디론가 날아가고자 하는 새일 수도 있다.

그것이 어떤 종류의 새이든, 이 시는 한 그루의 나무와 그 나무의 가지에 앉아 있는 새가 전경(前景)을 이루고 있고 판자촌이 배경을 이루고 있는 한 폭의 그림을 연상케 한다. 마치 추사 김정희의 세한도(歲寒圖)를 보는 듯도 하다. 담백한 정경 묘사로 이루어진 작품인 동시에 조촐하고 선명한 시인의 시선을 감지케 하는 작품이라는 점에서 그러하다. 하지만 이 시가 단순히 정경 묘사로 그 의미를 소진하는 작품일까. 시의 제목이 암시하듯, 이는 단순한 정경 묘사의 시가 아니다. 「팽이」에서 그러했듯 우리는 이 시에서도 "현실 반응에 민감한" 시인의 눈길을 감지하지 않을 수 없거니와, 이 시의 "한 마리 새"는 단순히 축어적인 의미에서의 새가 아니라는 것이 논자의 판단이다. 논자의 판단에 의하면, 이 시의 "새"는 "칼바람"이 몰아치는 현실에서 "가느다란 가지 끝"과도 같은 위태하고 불안한 생계 수단에 의지하여 삶을 살아가는 판자촌의 한 주민을 암시하는 것으로 읽을 수도 있다. 이렇게 읽는 경우, 시조의 종장에 해당하는 마지막 3행이 지니는 의미는 진실로 의미심장한 것이 아닐 수 없다. 판자촌이란 급속한 도시화 과정에 도심 주변 지역에 들어서는 빈민촌을 말하는데, 이는 판자, 양철, 골판지, 플라스틱 등을 재료로 삼아 지은 무허가 건물들로 이루어져 있다. 우리나라에서는 한국 전쟁 이후 그리고 급속한 산업화가 이루어지던 1970-80년대에 여기저기 판자촌이 형성되었으며, 이는 아직까지도 우리 사회의 일부를 이루고 있다. 시인은 이 같은 우리 사회의 한 단면에 진지한 눈길을 주고 있는 것이다. 말할 것도 없이, 판자촌 주민들의 삶은 안정된 것일 수 없다. 언제 어느 곳으로 옮겨가 삶을 이어갈 것인가는 항상 그들이 마주해야 하는 현실적인 과제가 아닐 수 없기 때문이다. 다시 말해, "무엇을 향해 / 또 어디로 떠나야 할까"는 판자촌 주민들의 당면 과제가 아닐 수 없다. 이 같은 현실에 눈길을 주고 이를 시조로 형상화하고 있는 작품이 다름 아닌 「판자촌 입구」라는 것이 논자의 판단이다.

이우걸 시인이 "현실 반응에 민감한 시조"를 향해 신념의 길을 가고 있음을 감지케 하는 작품 가운데 하나가 바로 이 「판자촌 입구」라는 논자의 판단은 이에 따른 것이다. 불혹이라는 공자의 말을 어찌 우리들 범인에게도 똑같이 적용할 수 있겠느냐만, 그가 30대 나이에 찾은 시조의 길을 향해 여전히 흔들림이 없는 발걸음을 옮겼다는 점에서, 불혹이라는 말을 시인 이우걸의 시적 편력과 관련하여 거론하는 데 이의를 제기할 사람은 어디에도 없을 것이다.

5. 지천명知天命의 나이 이후, 또는 「찻잔」이 의미하는 것

공자가 말한 '불혹'만큼이나 쉽게 입에 올리기 어려운 말이 있다면, 이는 아마도 '지천명'일 것이다. '쉰의 나이에 천명을 알게 되었다'니! 이는 곧 하늘의 뜻을 헤아리게 되었다는 말이 아닌가. 어찌 이처럼 엄청난 경지가 공자와 같은 성인이 아닌 우리들 범인에게 가능할 수 있겠는가. 이 자리에서 사적인 고백이 허용된다면, 논자는 불혹의 나이에 불혹의 경지에 이르지 못한 자신 때문에 괴로워했듯 지천명의 나이에 이르러서뿐만 아니라 그 나이를 훨씬 넘기고도 하늘의 뜻을 헤아릴 수 없음에 괴로워했었다. 그렇게 세월을 보내고 있을 무렵의 일이다. 시조와 관련된 어떤 모임에 참석하기 위해 차를 타고 해남으로 가던 도중, 갑작스럽게 월출산의 봉우리들이 눈길을 사로잡았다. 바로 그 순간, '내가 믿었던 것과 달리 나란 보잘것없는 존재임을 깨닫는 것, 우리 같은 범인이 하늘의 뜻을 헤아린다는 것은 바로 이 점을 깨닫는 것이 아닐까'라는 생각이 논자를 사로잡았다. 그렇다, 지천명은 자신에 대한 희망과 평가와 신뢰가 과도한 욕심과 허영에서 나온 것임을 스스로 깨닫는 경지를 말하는 것이리라. 말하자면, 자신의 한계와 약점과 왜소함을 깨닫는 자기 성찰, 바로 거기에서 지천명의 의미를 찾아야 하리라. 마치 그와 같은 논자의 생각에 동조하기라도 하듯, 시인 이우걸은 50대 중반에서 후반으로 넘어갈 무렵 「찻잔」과 같은 작품을 발표한 바 있다.[10]

　　사소한 일에도

　　내 흥분은

---

10) 「찻잔」은 2003년에 출간된 시집 『맹인』(고요아침)에 수록된 작품으로, 2003년 『열린 시조』 제8권 제1호에 발표된 작품이다.

수위가 높다

그때마다

찻잔이

나를 다독인다

감정과 이성의 볼륨을

은근히

조절해준다

— 「찻잔」 전문

 "사소한 일에도 / 내 흥분은 / 수위가 높다"는 식의 자기 성찰에 이르거나 이른 사람이 어찌 이우걸 시인뿐이겠는가. 하지만 이 같은 고백을 스스럼없이 할 수 있는 사람이 과연 얼마나 되겠는가. 정녕코, 자신이 사소한 일에도 흥분의 수위를 높일 만큼 그릇이 작은 사람이라는 식의 자기 폄하의 말을 사람들 앞에서 대놓고 하기는 쉽지 않다. 그렇기에 시인의 고백은 그만큼 더 값진 것이 아닐 수 없다. 한편, 이같은 고백에 이어 시인은 흥분의 수위가 높아질 때마다 "나를 다독"이는 것이 있다면 이는 "찻잔"이라 말한다. 즉, 시인은 "찻잔"에 담긴 차를 음미함으로써 흥분된 마음을 달래고 가라앉힌다. 또는 차를 음미함으로써 "감정과 이성의 볼륨"을 "조절"한다. 물론 사람마다 흥분된 마음을 달래고 가라앉히는 수단이나 방법은 다를 수 있다. 어떤 이는 술이나 담배에, 어떤 이는 책이나 음악에, 어떤 이는 명상이나 기도에 호소함으로써 마음을 달랠 것이다. 그 외에 수없이 다양한 수단과 방법이 있을 수 있겠지만, 시인에게는 무엇보다 "찻잔"과 마주하는 것이다. 찻잔과 마주함으로써 정신 수양을 도모함은 다도(茶道)의 본질이 아니겠는가. 한국의 전통적 다도와 관련하여, 저 옛날 신라나 고려까지 거슬러 올라갈 것 없이 조선 시대의 초의선사와 앞서 언급한 바 있는 추사를 떠올려 보라. 그들은 차를 음미하는 일이 정신 수양의 한 방법임을 터득했던 이들로, 차를 음미함으로써 흥분된 마음을 다스리려는 시인의 시도는 가깝게 이들 초의선사와 추사의 다도에서 찾을 수도 있을 것이다.

 이상으로써 이우걸 시인의 「찻잔」에 대한 읽기를 끝낼 수 없거니와, 적어도 시조 시인 이우걸의 시 세계에서 "찻잔"은 다의적인 의미를 갖는 것일 수 있기 때문이다. 이와 관련하여, 무엇보다 시조란 형식의 제약을 전제로 한 정형시라는 점을 주목하기 바란다. 특히 단시조는 이 같은 형식상의 제약을 실체화한 '꽃'과도 같은 것이라 하지 않을 수 없는데, 단시조의 3장 6구 12음보는 실로 단출하고 소박한 "찻잔"에 비유되지 않을 수 없다. 이런 맥락에서 보면, 시인이 흥분된 마음을 다독이고 "감정과 이성의 볼륨"을 조절하는 데 동원하는 것은 곧 시조일 수도 있다는 설명 또한 가능해진다. 단시조라는 형식과 찻잔 사이의 대비가 가능하듯, 찻잔에 담긴 우리나라 고유의 차―일본이나 중국의 차와 비교가 안 될 만큼 맑고 깊은 맛을 지닌 연한 다갈색의 차―와 단시조 형식 안에 담긴 담백하면서도 삶의 깊은 맛을 그대로 완미케 하는 시조 작품 사이의 대비만큼 완벽한 조화를 이루는 것은 쉽게 찾아보기 어려우리라. 요컨대, 시인은 「찻잔」을 통해 '시조'가 주는 마음의 위안과 정신의 수양까지도 함께 이야기하고 있다고 보아도 크게 틀리지 않을 것이다.

6. 이순耳順의 나이 이후, 또는 「안경」이 의미하는 것

'듣는 대로 모든 것을 순조로이 이해하다'는 의미를 담고 있는 '이순'이라는 말이 전해 주듯, 공자는 예순의 나이를 말할 때 신체의 모든 감각 기관 가운데 '귀'를 문제 삼는다. '남의 말 또는 의견을 이해하는 데 걸림이 없다'의 의미로 해석될 수도 있는 이 말이 암시하듯, 공자가 주목하고자 한 것은 인간과 인간 사이의 언어적 관계이고, 이에 따라 '귀'를 문제 삼은 것이리라. 하지만 세상사와 사물에 대한 이해 및 판단과 관련하여 '눈'은 '귀'보다 더 중요하게 여겨지는 감각 기관이 아닌가. 만일 그런 관점을 반영하고자 한다면, '보는 대로 모든 것을 순조로이 이해하는 경지'를 상정해 볼 법도 하다. 혹시 관조(觀照)가 이 같은 경지를 암시하는 말은 아닐지? 아무튼, 우리 같은 범인에게는 예순이 넘었다 해도 '이순의 경지'뿐만 아니라 '관조의 경지'는 결코 쉬운 것이 아니리라. 범인이라면 오히려 귀와 눈의 어두워짐에 더 신경을 써야 할 것이다. 아니, 귀보다 눈이 더 문제되는데, 시력의 약화는 청력의 약화보다 한층 더 심각하게 일상의 삶에 장애가 되기 때문이다. 이른바 노안(老眼)이라는 말이 따로 존재함은 이 때문이리라. 아무튼, 눈이 문제되는 것은 단지 나이를 먹어 시력이 약화되기 때문만이 아니다. 세상이 빠르게 변화를 거듭하고 가늠하기 어려울 정도로 복잡해지고 있기 때문이기도 하다. 이 때문에 나이를 먹어 눈이 어두워진 사람에게 세상살이란 결코 쉬운 일이 아니다. 그런 상황에서 예순을 넘긴 시인이 느낄 법한 감회는 어떤 것이었을까. 이를 보여 주는 작품이 「안경」이다.[11]

---

11) 「안경」은 2009년에 발간된 시집 『나를 운반해온 시간의 발자국이여』(천년의 시작)에 수록된 작품으로, 시인은 자신이 2007년 이후 경상남도 밀양에서 교육장으로 근무하던 시절에 창작한 것임을 밝힌 바 있다.

껴도 희미하고 안 껴도 희미하다

초점이 너무 많아

초점 잡기 어려운 세상

차라리 눈감고 보면

더 선명한

얼굴이 있다

― 「안경」 전문

  시력이 약한 사람이 안경을 끼지 않았다 하자. 어찌 세상이 희미해 보이지 않을 수 있겠는가. 하지만 안경을 꼈다 해서 항상 세상이 밝아 보이는 것만은 아니다. 오랫동안 안경을 사용하다 보면 렌즈 표면에 잔금이 생기게 마련이고, 이 때문에 안경을 껴도 세상은 여전히 희미하게 보일 수도 있다. 안경을 새것으로 바꾸면 되지 않겠는가. 문제는 그렇게 하더라도 시력이 좀처럼 나아지지 않는 사람도 있다는 데 있다. 특히 나이든 사람이 그러하다. 약화된 시력 때문에 안경을 바꾸더라도 초점을 맞춰 세상을 보기란 쉽지 않기 때문이다. 어디 그뿐이랴. 눈의 수정체가 탄력성을 잃어 안경은 세상을 선명하게 보는 데 오히려 방해물이 될 수도 있다. 따지고 보면, 새 안경 때문에 이제까지 희미해 보이던 세상이 갑자기 밝아지는 경험은 젊을 때나 가능한 것인지도 모른다. 하지만 어쩌겠는가. 물처럼 구름처럼 흘러가는 세월을, 세월의 흐름과 함께 이끼처럼 쌓이는 나이를 탓할밖에.

그렇다 해서, 이우걸 시인이 안경을 "껴도 희미하고 안 껴도 희미하다"고 했을 때 그가 그렇게 말하는 이유는 단순히 나이를 먹어 시력이 약해졌거나 눈의 수정체가 탄력성을 잃었기 때문만이 아니다. 그에 의하면, "초점이 너무 많아," 또는 "초점"을 맞춰 보아야 할 것이 "너무 많아," "초점"을 "잡기"가 "어려운" 것이 우리가 살아가는 세상이기 때문이다. 이처럼 초점을 맞출 것이 너무 많다는 말을 뒤집어 보면, 초점을 맞춰 볼 만한 것이 따로 있지 않다는 말일 수도 있다. 또는 앞서 말했듯 초점을 어디에다 맞출지 모를 정도로 삶의 현실이 빠르게 변화를 거듭하고 있다는 말일 수도 있으리라. 아울러, 도덕적으로든 사회적으로든 또는 정치적으로든 우리 현실이 초점을 맞추기 어려울 만큼 복잡하고 혼란하다는 말일 수도 있다.

초점을 맞출 것이 너무 많든, 초점을 맞춰 볼 만한 것이 따로 존재하지 않든, 또는 초점을 맞추기에 세상이 너무 빨리 변하고 혼란하든, 세상에 눈길을 주기가 어려움을 깨달은 시인이 택하는 대안은 "차라리 눈감고 보"는 것이다. "차라리 눈감고 보면 / 더 선명한 / 얼굴이 있"기 때문이다. '차라리 눈감고 세상을 보고자 함'은 '육신의 눈'이 아닌 '마음의 눈'으로 세상을 보겠다는 것으로 이해될 수 있으며, 마음의 눈으로 세상을 보고자 함은 시인의 경우 '시적으로' 세상을 보겠다는 것으로 이해될 수 있다. '시적으로' 세상을 보다니? 이는 곧 상상력이 시인에게 허락한 마음의 눈으로 세상을 보겠다는 말일 수도 있지 않을까. 상상력이 허락한 마음의 눈으로 보았을 때 보이는 "더 선명한 얼굴"을 탐구하는 일이야말로 이순의 나이를 넘긴 시인이 할 수 있는 일인지도 모른다. 이런 관점에서 볼 때, 이우걸 시인이 「안경」을 통해 우리에게 전하는 메시지는 단순히 희미해져 가는 시력과 복잡해져 가는 세상사에 대한 푸념만은 아니다. 이 시는 시인이라면 또는 시인이기 위해서는 세상을 어떤 눈으로 보아야 할 것인가에 대한 조언으로 읽히기도 하고, 나아가 시를 읽을 때 어떤 눈이 필요한가에 대한 암시로 읽히기도 한다.[12]

7. 종심從心의 나이를 바라보며, 또는 시적 관조와 깨달음의 경지를 향하여

앞서 논자는 '이순의 경지'를 언급하면서 '관조의 경지'라는 표현을 동원한 바 있다. 사실 '관조'란 육신의 눈을 초월

---

12) 이상의 논의는 앞서 각주 6번에서 거론한 논자의 글 「관조와 성찰의 시학」, 161-163쪽 참조.

하여 마음의 눈으로 세상을 바라봄을 일컫는 말이다. 또는 마음을 고요하게 다스리고 일정한 거리에서 세상의 사물이나 현상을 향해 관찰의 눈길을 주는 일, 이로써 대상의 실상(實相)이나 본질(本質)에 다가가는 일을 지시하는 말일 수 있다. 어찌 보면, 시 창작이란 이 같은 관조의 작업을 시적으로 수행하는 작업이라 할 수 있으며, 시인이란 이 같은 작업을 일생에 걸쳐 수행하는 사람들일 수 있다. 심지어 육신의 눈이 어두워져도 진정한 시인이라면 이 같은 작업을 멈추지 않는다. 육신의 눈이 어두워질수록 그만큼 더 밝아지는 마음의 눈이 있기에. 또는 연륜(年輪)이 시인에게 허락하는 밝아진 마음의 눈이 있기에. 이우걸 시인의 표현에 기대어 말하자면, "차라리 눈감고 보면 / 더 선명한 얼굴"이 그려지도록 시인을 이끄는 밝고 환한 마음의 눈이 있기에. 그리하여 깊은 연륜의 시인이 창작하는 작품은 그만큼 더 값진 것이 되지 않을 수 없다. 이 같은 논리를 뒷받침이라도 하듯, 이제 '종심'의 나이를 바라보는 시인 이우걸은 「바퀴는 돌면서」와 같은 작품을 우리에게 선사한다.[13]

---

13) 이우걸 시인이 밝힌 바에 따르면, 「바퀴는 돌면서」를 포함하여 다음의 작품들은 거의 태반이 2013년에 『주민등록증』(고요아침)을 발간한 이후 두 해 동안 창작한 것이라 한다: 「토란잎」, 「나이테」, 「고모」, 「산이 고맙고」, 「첫사랑」, 「그늘」, 「부음」, 「이명 2」, 「폐원에서」, 「정거장」, 「모닝커피」, 「겨울 해변」, 「대학시절」, 「계단」, 「모자」, 「눈」, 「남천강」. 한편, 「길」, 「동백」, 「아직도 거기 있다」, 「눈이 내리는데」, 「종」 등 5편은 과거의 작품을 개작한 것이라 한다.

길은 달리면서 바퀴를 돌리지만

바퀴는 돌면서 길을 감고 있다

모나고 흠진 이 세상

둥글게 감고 있다

─「바퀴는 돌면서」 전문

무엇보다 '길이 달리면서 바퀴를 돌린다'니? '바퀴가 돌면서 길을 달린다'고 해야 하지 않을까. 아울러, '바퀴는 돌면서 길을 감고 있다'니? '바퀴는 돌면서 길을 가고 있다'고 해야 하지 않을까. 사실, 이처럼 세상을 '낯설게' 뒤집어 보는 시인의 낯선 시선은 결코 낯선 것이 아니다. 예컨대, 어린 시절 차를 처음 탔을 때 '내가 가고 있는 것이 아니라 차창 밖의 세상이 가고 있다'고 느꼈던 사람이 얼마나 많은가. 어디 그뿐이랴. 아주 오랫동안 사람들은 태양이 멈춰 있는 지구 주위를 돌고 있다고 믿지 않았던가. 즉, 천동설이 오랜 세월 사람들의 의식을 지배하고 있었다. 이처럼 자신을 중심으로 하여 세계를 바라보는 시각에 결정적으로 충격을 가한 것은 다름 아닌 '과학'의 합리주의와 객관성이었다. 넓게 보아, '바퀴가 돌면서 길을 달려가고 있다'는 진술이 암시하는 관찰자의 시선은 지극히 상식적인 것이기도 하지만, 그 저변에 놓인 것은 합리주의적이고도 과학적인 세계 이해의 시각이라 할 수 있다. 즉, 과학이라는 패러다임이 우리 모두의 의식을 지배하고 있기 때문에, 우리는 확신에 차서 '바퀴가 돌면서 길을 달려가고 있다'고 말할 수 있는 것이리라. 하지만 과학은 세계와 인간을 이해하는 데 우리가 기댈 수 있는 유일한 방법도 아니고, 유일하게 올바른 방법도 아니다. 일찍이 오스트리아 출신의 과학철학자인 파울 파이어아벤트(Paul Feyerabend)는 "과학은 현대의 종교로, 이 종교가 주장하는 궁극적 권위는 부두교나 마술이 내세우는 것과 크게 다를 바 없다"[14]고 말한 바 있거니와, 특히 인간이라는 수수께끼와도 같은 존재와 그의 본성과 삶을 이해하는 데 과학은 한계를 드러내곤 한다. 그 한계를 뛰어넘고자 할 때 우리에게 구원의 수단이 되는 것이 있다면, 이는 바로 문학과 예술과 철학과 종교다. 엄연하고도 지극히 당연한 이 사실을 망각하고 있는 우리의 의식에 깊은 충격을 가하는 시가 다름 아닌 이우걸 시인의 「바퀴는 돌면서」이리라.

관점을 달리하면, '길이 달리면서 바퀴를 돌리고, 바퀴는 돌면서 길을 감고 있다'는 진술은 인간의 삶에 대한 지극히 자연스러운 이해의 시각—낯설어 보이나 결코 낯선 것이 아닌 이해의 시각—을 제시하기 위한 일종의 전략적인 '낯설게 하기'일 수 있다. 일반적으로 우리는 우리 자신의 의지가 명

---

14) 조 모란, 『학제적 학문 연구』, 장경렬 역, 서울대학교 출판문화원, 2014, 236쪽.

령하는 대로 삶의 길을 걸어왔다고 믿는 동시에, 우리가 걸어온 삶의 길은 과거가 되어 곧 현재의 삶 뒤편으로 멀어진다고 생각한다. 하지만 우리가 걸어온 삶의 길이 과연 우리의 의지에 따른 것일까. 우리는 우리도 알 수 없는 미지의 힘에 의해 삶의 길을 걸어온 것 아닐까. 우리가 '운명'이라 부르는 것은 바로 이 '미지의 힘'을 말하는 것 아닌지? 아울러, 우리가 걸어온 삶의 길은 과거가 되어 우리 뒤편으로 멀어지는 것이 아니라, 일종의 접착테이프처럼 우리를 휘감는 가운데 우리의 현재적 삶이 형성되는 것은 아닌지? 혹시 우리가 '업보'라 말하는 것은 삶의 이런 측면을 지시하기 위해 우리가 동원하는 여러 표현 가운데 하나가 아닐지? 요컨대, 인간은 스스로 삶의 길을 헤쳐 나가는 의지의 주체라 믿지만 이는 인간의 오만이 낳은 헛된 환상일 수 있다. 이러한 환상에서 벗어나도록 또한 우리가 잊고 있는 삶의 실상 또는 진실에 이르도록 우리를 일깨우되, 낯선 시적 언어를 통해 우리를 일깨우는 인식의 동인(動因)과도 같은 시가 「바퀴는 돌면서」다.

이 시의 "바퀴"를 우리가 우리 자신의 것이라 믿지만 우리 자신의 것이 아닐 수도 있는 '우리의 삶'으로 이해하는 경우, 또한 "길"을 우리가 이제까지 걸어온 '삶의 길'로 이해하는 경우, "길은 달리면서 바퀴를 돌리지만 / 바퀴는 돌면서 길을 감고 있다"는 시적 진술은 전혀 낯선 것으로 읽히지 않는다. 아울러, 시조의 종장에 해당하는 제3-4행에 대한 이해와 읽기도 아주 자연스럽게 진행될 수 있다. 즉, "모나고 흠진 이 세상"은 우리가 걸어온 삶의 길을 말하는 것으로, 자신이 살아온 삶의 길이 "모나고 흠진" 것이라 말하지 않을 수 있는 사람이 과연 얼마나 되겠는가. 하지만 바퀴와 같은 삶을 사는 사람들은 이를 "둥글게 감"는다. 말하자면, 사람들은 "모나고 흠진 이 세상"을 살아가는 동안 그런 세상으로 감싸이되, 이와 동시에 이를 "둥글게" 감싸 안는다. 이른바 우리가 연륜이라 말하는 것의 역할은 이처럼 "모나고 흠진" 세상을 "둥글게" 감싸 안는 데 있는 것은 아닐까. 그렇게 감싸 안음으로써 사람들은 갈수록 원만한 성품의 인간이 되는 것이리라. 공자가 '일흔 살에는 마음 내키는 대로 좇아도 법도를 넘어서지 않게 되었다'고 말했을 때, 그는 연륜으로 인해 한층 더 원만한 사람이 되었음을 말하고자 했는지도 모른다.

거듭 말하지만, 이제 이우걸 시인은 종심의 나이를 눈앞에 앞두고 있다. 그런 그가 최근에 창작한 단시조 「바퀴는 돌면서」에서 우리는 삶에 대한 맑고 환한 관조의 눈길을, 맑고 환한 동시에 간명하고 단출하여 그만큼 더 호소력이 있는 관조의 눈길을 확인할 수 있거니와, 이를 확인하는 논자의 마음은 즐겁기만 하다.

끝으로 한마디 덧붙이지면, 이번의 시집 『아직도 거기 있다』에는 40년이 넘는 시인의 시적 이력을 빛나게 했던 수많은 단시조 작품뿐만 아니라 종심의 나이를 바라보면서 창작한 빼어난 단시조 작품이 적지 않거니와, 논자는 이 자리를 빌려 모든 이에게 부탁한다. 최소한, "귀농이라며 돌아온 아들"을 바라보며 "웃고 있지만 속으론 앓고" 있는 "애비"의 속마음을 헤아리게 하는 「정거장」, "세상 모든 그늘"이 "사물의 어머니"라는 깊은 깨달음과 관조의 눈길을 담고 있는 「그늘」, "뭉쳐서 벽에 던"진 "눈"에서 "흩어져" 있는 "나"를 보고 상념에 잠기는 시인의 자기 성찰로 환하게 빛나는 「눈」 등의 작품을 육신의 눈으로뿐만 아니라 마음의 눈으로 읽어, 맑고 환한 관조의 경지에 이른 시인과 마침내 함께하기를! 그리고 그 모든 것을 가능케 한 것은 무엇보다 단시조 형식임을 잊지 말기를! □